De somnis i
d'altres incerteses

De somnis i d'altres incerteses

Una història d'amor, en blanc i negre

MANUEL ORIOL

**Para pedidos de copias adicionales de este libro,
por favor contactenos en:**
Palibrio
1663 Liberty Drive
Suite 200
Bloomington, IN 47403
Llamadas desde España 900.866.949
Llamadas desde los EE.UU. 877.407.5847
Llamadas Internacionales +1.812.671.9757
Fax: +1.812.355.1576
ventas@palibrio.com
419748

Índice

2ª PART

Entre núvols

Entre núvols
el sol sorprèn
per la seva persistència.

No dubte en ser
el més excessiu
entre els excessius.

En rodolar
s'explica poc a poc
al fer-se fonedís.

MOT

Pròleg

Escriure és com morir un mica cada vegada que ho deixes de fer. És anar deixant espurnes de tu en cada pàgina, en cada frase.

El que va començar sent un diari personal, va acabar convertit en un relat d'una petita història viscuda a la selva amazònica boliviana de Riberalta, Cachuela Esperanza, Tumichucua, Guayaramerín i una quantitat important de llocs indescriptibles i fantàstics.

Quan reculls els estris i et retires una estona a fer-te fonedís entre la boira de la memòria i la claror del moment, desapareixes. Només sures entre un pic i una vall de somnis i quimeres. Sense més. Sense amors ni rancúnies. A pèl.

Et fregues els ulls, vermells de futur. Mires el terra per no caure. Recordes on és la porta i el seu pany i vas sortint. Poc a poc, sense cridòries.

Les cames es recuperen del seu exili a la cadira i s'estiren per conduir-te cap allà on, encara, no saps que vols anar. Segueixes el camí del passadís de casa, tot recuperant l'autèntica verticalitat.

I, sense adonar-te'n, et reinventes i comences a viure d'una forma diferent quan, de sobte, descobreixes qui és l'homenet que t'ha estat acompanyant tota l'estona.

MOT

Parlant de la por i de l'esperança

Fa un temps, per allà les selves de Bolívia em vaig trobar un home que caminava sol per la selva. Anava sense armes. Sol i sense armes? És molt rar, vaig pensar. No és habitual trobar-se gent per la selva i menys sense armar.

Buenos días, ¿a dónde va usted?, li vaig fer.

Allí adonde tu vas, em va respondre

¿Y adonde piensa que voy?.

Allá adónde tu vayas, es mi destino.

Vam anar caminat poc a poc. Molt lentament. Ell m'anava mirant. Primer de reüll. Després més directament.

Vos sos extranjero, verdad?

Si, efectivamente, no li vaig deixar cap dubte.

¿Por qué será que todos ustedes son tan ciegos, tan mudos y tan sordos?.¿Cómo es posible que no sepa adónde voy?

No ven más allá de sus narices y se creen en posesión de todo incluso de la verdad

Però, que s'haurà cregut?, pensava jo.

Malgrat els meus pensaments, no sé per què, no gosava dir res. Aquell homenet em tenia corprès.

De nou, el silenci només esquerdat per la cridòria dels lloros i de les mones.

El hombre, en la Tierra, sólo sobrevivirá si se respeta y respeta a los suyos. También ha de amar estas selvas, estos parajes indómitos y sutiles en donde vivir no es un privilegio sino una oportunidad. Si alguien nos ha creado para hacernos merecedores de algo, ése alguien estaba pensando en este mundo. Sólo aquí está lo que no se halla en ningún sitio.

De nou el silenci es va fer present. Ho omplien tot. El silenci i aquell home petit, escanyolit, ho omplien tot. No sé com podia ser, però era així.

¿Cuántos años tiene usted?, li preguntí.

¿Cuántos me daríais vos?, em respongué

Uf, no sé! Es muy difícil saberlo. No acabo de entender la medida de su tiempo, això és el que li vaig respondre

Llavors, es va aturar. Lentament, es va girar cap a mi. La seva mirada, brillant com un foc sense fi, em va enlluernar sòlidament. I tot d'una em va parlar així. A més, estranyament, ho va fer en català. Quan ho recordo, me'n faig creus. O potser és que la memòria em fa una juguesca i es burla de mi. En tot cas, això em va dir:

La por, com una sangonera, ens enganxa pel coll i prem i prem fins que sembla que ja no podem més. Ens peten les venes i els muscles semblen de xiclet. No podem resistir-nos. Ens sembla, és clar. Perquè després, el superem i continuem fent la nostra via i el nostre camí personal de creixement.

Decidir, llavors, se'ns fa difícil, angoixós i horrible. Tot ens fa dubtar. Res està clar. Res és el que sembla. Els miratges ens enlluernen. Ningú no ens dóna les suficients garanties per acompanyar-lo o deixar-nos acompanyar. Pitjor si en el camí ens troben més d'un viatger que s'ofereix a fer-ho. Oh, Déu meu, quin dolor! quins dubtes magnífics i rotunds! Allò que conec, serà suficientment sòlid, o potser sols m'enlluerna, serà el que jo necessito? Em diuen: no dubtis de mi, jo seré el que has estat esperant des de sempre. Jo sóc la teva felicitat. No esperis més, acompanya'm!

Aquell de sempre, aquell que sempre estarà amb tu, encara que els errors i la distància sembli que l'han apartat de tu, aquest, serà de fiar? no cometrà de nou tots els errors i els horrors que ja he viscut? Què difícil que es fa tot! Per què no serà una mica més fàcil?

Serà, perquè ja no tenim disculpa. Sabem el camí i l'hem de seguir. No hi ha espai per l'excusa. S'ha acabat donar llargues i mirar cap a un altre lloc quan les coses passen pel nostre costat. És el

moment de prendre el compromís amb tu mateix. Amb el nou. Amb l'antic. Amb el de sempre. Amb aquell que és la integració de totes les parts. El trencaclosques està al teu servei. No pensis. Sols deixa't anar i sent. El camí està ja il·luminat. No hi ha foscor suficient per a nosaltres. La distància, el temps, l'amor, l'odi, la passió, la rancúnia, els despropòsits: tot està al nostre servei. I no oblidem que l'amor és l'únic que ho il·lumina tot. Sols ell. Tot els altres són fals messies, falses solucions. El camí fàcil. El compromís és dur i feixuc d'entendre. Només quan l'has pres i seguit fins a l'últim racó del món, saps que ha valgut realment la pena.

Prou de fingir, prou d'imaginar que no passa res, quan està passant tot i de cop. A bots i barrals. Ara, mirar cap un altre costat ja no serveix. El que diem paciència no és més que el parany que ens posa la nostra ment per no prendre decisions. És l'excusa perfecta: no hem de córrer. Hem de ser prudents. No hi ha espai per l'error. És prudent no córrer per no caure sense remei, però més imprudent és mirar-se la vida des de la vora del camí. No caurem. Tampoc avançarem. És la llei.

Per Déu! Si nosaltres mateixos som l'error quan no ens manifestem tal i com som. Tal com sentim. Tal com volem deixar-nos anar d'una punyetera vegada. Ja està bé de recitar les lletanies de l'espant. Hem de donar-nos l'espai de la pau i del goig per a ser, d'una vegada per totes, allò que realment som."

Després, va restar en silenci. Em va mirar, va somriure misteriosament i es va enfonsar a la selva. Passat un temps, un altre jorn, el vaig trobar de nou. Però aquesta és una altra història.

Riberalta, 27 de març de 1999

Parlant sobre la violència
i la comunicació

Aquell dia estava furiós. Havia tingut un matí d'aquells que podria haver evitat dormint fins el dia següent. Buf!, quin matí. I llavors va aparèixer ell una altra vegada. De sobte, com si hagués sortit del no-res o de sota les pedres. En tot cas, estava allà davant meu i guaitant-me de fit a fit. Com si em volgués travessar. Ràpidament, va girar cua i va començar a caminar. Tot d'una, es girà i em va fer senyes perquè el seguís. No sé encara el motiu, però el vaig seguir.

Poc a poc va baixar el ritme i va esperar-me.

Com estàs?

Ves, fet caldo. Avui he tingut un dia endiablat.

I això?.

Ha estat un matí en el que tot estava en contra meva. No feia cosa que no sortís malament. Horrible, de veres.

Pel que veig, estàs profundament impressionat pel teu matí, no és cert?

Efectivament, així és.

Com pot ser que no sentis dintre teu, que això no és més que allò que segurament tu mateix has cercat. Aquests dies que tu dius que apareixen al llarg dels nostres dies, són aquells que nosaltres mateixos ens parem per provar-nos. Ja veus, però, com has respost. Creus que podries fer-ho millor un altre cop?

Mira, no sé. A voltes em dóna la impressió que no és fàcil viure. I menys en aquests llocs.

Creus que sent rabiüt faràs més fàcil el camí de trobar la pau? No veus que no fas més que ficar-te en una espiral de despropòsits? Cosa que facis en aquesta situació, et sortirà malament. En fi, no sé perquè t'ho estic dient, perquè tu ja ho saps. No és cert?

Tu creus això que m'estàs dient? No ho fas només per fer-me enfadar una mica més?

De sobte, es va fer un silenci que em va semblar llarg, interminable. L'homenet em mirava amb una cara en la que els ulls li ballaven i el somriure se li escapava per les juntures dels llavis. Em sentia com un gamarús. Com un enze complet, sense saber què fer, ni què dir. Aquell personatge em feia trontollar. No sé perquè, però era així. Només mirar-lo ja em trastornava. Què era el que feia que em sentís d'aquesta manera tant curiosa? I què feia jo allà, escoltant coses que no hagués tolerat sentir-les de cap dels meus amics? Malgrat tot, alguna cosa semblant a un estat de pau, m'envoltava.

Si miressis més enllà del teu nas, vermell i congestionat per la ràbia, potser trobaries quelcom més que allò que sembla que has rebut avui.

De nou atacava aquell ésser especial. Nas vermell i congestionat? Però, que s'ha cregut? vaig pensar. Quin torracollons, no? Malgrat tot, jo allà. Escoltant-lo estoicament. Bé, estoicament no. Si no fos perquè sóc una mica pacífic, l'hagués esclafat contra el primer "mara" que trobés.

Si hicieras lo que estás pensando, no sólo te buscarías un buen problema con la policía, sino que vos mismo no lo entenderías nunca.

Ara, de nou parlava en castellà. Quina cosa! Pararé boig, pensava jo.

La violencia sólo genera más y más violencia. Tú ya lo sabes, ¿verdad?. Así que, mira, cálmate y continuemos caminando. Hoy estoy de buen humor y quisiera hacer algo por ti.

De bon humor? De conya, estava! De reüll, el veia somriure com si estigués en un circ. Cada cop caminava més i més tibat.

Era com si anés creixent. Em vaig espantar i tot. Quin cretí estic fet, em deia.

¿Cuánto tiempo crees que se puede estar enfadado con uno mismo? Sea el que sea, no nos reporta más que dolor, insatisfacción y malestar. Los demás no tienen la culpa, pensás y aún te enfureces más. ¡Alguien ha de tener la culpa de cómo me siento yo! ¡No puede ser que los males de cabeza me los busque yo sólo!

Pues sí. Ya ves. Vos y sólo vos, en muchas ocasiones, sos el que tenés la responsabilidad de como os sentís. No los otros que están ahí en tu paisaje. Sin más. Sin mala fe. Ni siquiera saben que vos existís. Pasan por tu lado como el agua sobre los guijarros de la playa. Suave, lenta, adormecidamente. No existís para nadie. El que se está adormeciendo los sentidos y buscando bulla, sos vos. Una bulla que creés te salvará de la nada, del silencio, de la invisibilidad de tu ser delante de los otros. ¡Invisibilidad! ¡Silencio! Aquello que sembrás, recogés. Ya sabés: lo que vos emitís, acaba por volver a vos. Hagás lo que hagás, volverá. Mejor que sea bueno. De lo contrario, también volverá y caerá sobre vuestra cabeza.

La lentitud de la seva parla m'estava posant molt neguitós. Però no era l'aparent feblesa de la seva entonació el que m'anava, poc a poc, desmaiant. Era el ressò del seu raonament. Allò que m'estava omplint tota la ment de coses conegudes i no desitjades. Conceptes que no eren còmodes ni fàcils de pair. La mirada fixa al capdavant del meu nas. Poc més. A cops, la mirada és un far. A cops, és un pou fosc ple de criatures estranyes i delirants. Avui, era això segon. Una mena de parany tremolós, replet de criatures excèntriques. Sabia, no obstant, que sortiria d'això i de molts més casos complexos com aquest. L'esperança, dolça i minúscula, es va enlairar per sobre del meu cap.

De sobte ho va tornar a fer. En tornar a mirar-lo, ja havia desaparegut. La calma més absoluta. Només la calor, asfixiant, era més forta que la tranquil·litat que llavors es respirava allà mateix. Vaig anar a casa fet un vertader remolí d'idees i tremolors.

Ara, ja espero trobar-me'l de nou.

Riberalta, 11 d'abril de 1999

La vida et dóna el que necessites

Surts de tu
per algun dia
tornar-hi.

Creus que ja està.
Que ja has complert.

La vida et dóna
el que tu necessites
i amb això
ja tires cap endavant.

Segur?

Caminar no vol dir anar
a cap lloc determinat.
Sols vol dir caminar.

Si el que vols
és anar a tu mateix
i adonar-te'n
que també
els altres
existeixen

has de sentir
amb fermesa
el camí sota
els teus peus.

Parlant sobre la formació

Després de tot un dia de donar tombs a la cerca dels metges que han de participar demà en un Taller sobre Comunicació, em deixo caure sobre la butaca de casa. Sort que en l'últim moment recordo que estic a Riberalta i puc evitar obrir-me el cap directament. Una mica més i l'impacte contra la fusta, dura i sense pietat de la butaca. Buf!, una mica més...

Tot just em recupero de l'ensurt, alço la vista i veig l'homenet de sempre esperant darrera de la finestra oberta.

Hola, què tal? Com estàs? Quin ensurt, oi?

Jo no sé com apareix sempre en situacions i llocs ben curiosos. Bé, casa meva no és un lloc curiós, però sí que ho és la situació, ridícula i molesta per ser vista per altres. En fi, ja hi som de nou.

Sí. Una mica més i em deixo el cul i el cap fets un desastre. Amb tot, estic bé, gràcies.

Celebro que, com sempre, no siguis conscient de la teva part tremolosa i fosca. Malgrat això, no et preocupis, tot acaba sortint a la llum.

De nou el profeta! És ben curiós, aquest home. Per què creu que ho sap tot de mi? Tindrà un poder superior al que tenim els altres? Serà clarivident? Sinó, no m'ho explico. També és cert que em descompensa una mica i em deixa estorat i un a mica cabrejat. Serà la seva clarividència i la seva forma d'explicar-se. No ho sé. En tot cas, té alguna cosa que fa que l'escolti. Però no sé si ara és el moment.

Potser no et ve de gust parlar amb mi ara. Serà millor que torni més tard, oi?

Veus, ja t'ho dic!. És com si em sentís el pensament. No sols que el llegeixi, sinó que el sentís.

Si estàs cansat, de veres que puc tornar un altre moment.

Com és que està tant segur que no li diré que no cal que torni? Ja dóna per fet que tornarà. D'acord, més val que continuem ara. El cansament s'ha esfumat i en el seu lloc, de nou s'obre pas la curiositat. Potser morbosa, però curiositat en tot cas.

No, no. Pot quedar-se si és el que vol. No estic cansat. Només estic amoïnat, perquè demà comencem un Taller pels metges, sobre comunicació amb els malalts i diuen que no poden venir, que estan molt enfeinats i que en tot cas, ja sabran com fer-s'ho això de comunicar-se amb el malalt. T'imagines aquests professionals que amb prou feines poden entendre's ells mateixos, desaprofitar aquesta ocasió?

De nou, em va mirar amb seriositat, però amb un llampec creuant-li els ulls. Un llampec estimulant per a mi. No sé perquè, però em fa trontollar i sentir que estic viu.

M'escoltes, noi? Estàs aquí o intentat llegir la ment d'aquestes persones per trobar la teva solució? Tu, que ets una bona persona, creus que no es pot deixar passar l'oportunitat de realitzar aquest Taller que els oferiu. A més, és gratuït, com es poden negar, oi? És clar que si penses des de dintre de la teva pell i no fas l'esforç de suggerir-te a tu mateix ser més flexible, les coses no seran pas fàcils per a tu. El que pensis d'aquests assumptes, no té importància. El que sí la té és pensar com poder fer que aquestes persones sentin la necessitat de formar-se i de començar a desenvolupar-se més àmpliament, però tant com a persones com per ser bons professionals. No hi ha mitges tintes. No cal separar l'home normal, de les seves habilitats com a professional. Una cosa porta l'altra. Perquè si tu veus que no tens aquestes habilitats per realitzar una professió, n'escolliràs una altra. O potser has arribat al límit de les teves necessitats i vols canviar. Això és bo. És un símptoma que ets capaç de pensar sobre tu i la teva voluntat de servei als altres, d'una manera positiva, Davant d'aquest fet, el millor és començar a pensar sobre la possibilitat de canviar. No cal córrer, però millor fer-ho d'hora. Total, si ja està presa la decisió...!

Va restar en silenci una bona estona, tot mirant-me als ulls. Jo, sols intentava retenir el que m'havia estat dient i rumiar-ho. Potser sí que he de plantejar-me les coses des d'un altre punt de vista més integrador i no tant reduccionista. Efectivament, no puc llegir la ment de ningú i menys fer judicis de valor sobre supòsits. Però és una tendència que tenim les persones. Si ofereixes una cosa que per a tu és valuosa, com és possible que altres no ho acceptin de bon grat?

Aquesta és una reflexió que molts es fan, estic d'acord amb tu. En tot cas, no resol la qüestió de base. El que alguna cosa sigui bona per a una altra persona, no té perquè pressuposar que ho sigui per a mi. Aquest és un principi que si ho penses des de tu mateix, trobes molt ràpidament. El trobes i el comparteixes sense més. És clar! Doncs, de la mateixa manera funciona a l'inrevés.

Tendim massa cops a reflexionar des de les nostres limitacions creient que són punts forts i desqualifiquem les opinions dels altres. Així, sols generem desconfiança i desgrat. Provem de pensar des del diàleg i no des del monòleg interior. Aquesta última opció és la millor per arribar al fracàs en moltes poques passes. Què bé, si decidíssim parlar més amb els altres. I sobre tot, escoltar molt més. Ja saps el que diuen: Les persones tenim dues orelles, dos ulls i una sola boca. Això ens diu que estaria bé escoltar i veure el doble del que parlem. No estàs d'acord?

Abans que tingués temps de respondre, ja havia desaparegut de nou, deixant-me un munt d'interrogants sobre la taula.

Serà qüestió d'afanyar-se, sinó s'acumularà la feina i les meves reflexions ja no seran tant afortunades com espero que ho siguin ara.

Riberalta, 16 d'abril de 2000

Parlant sobre la comprensió

Feia una tarda serena i càlida. El fort vent del sud estava deixant un cel net i blau com aquells ulls que jo recordo. Em sento a gust i m'enfonso a la meva butaca, per nomenar-la d'alguna manera, de fusta. Miro per la porta oberta i veig el gat de la veïna que està intentant caçar un petit llangardaix que corre veloçment fins poder pujar per la paret. El gat el mira. Després d'una estona, se'n va lentament. Fa calor fora.

El llibre que estic llegint, "La escuela de Palo Alto", m'està obrint la ment a noves perspectives sobre l'extasiant món de la comunicació interpersonal. De sobte, la llum s'esmorteix. De nou apareix, tapant la llum de l'exterior, l'homenet de sempre.

Bona tarda, noi!

Bona tard, amic!

És ja així com el considero. Després d'aparèixer i desaparèixer com un esperit furtiu, no el puc tenir en altra consideració. O això o el foragito de casa i de la meva vida. En tot cas, crec que ara no és el moment de fer-ho. Tot i que, molts cops allò que diu té la màgia i la visió de tot el meu entrellat.

Té raó la gent de Palo Alto quan diu que el mapa no és el territori. Quina raó que tenen! Si aquesta frase tant curta, fos coneguda i interpretada per moltes de les persones que viuen en aquest món, ja estaríem en el camí.

En el camí, quin camí, amic?

Justament en el recte camí. Aquell que ens porta a nosaltres mateixos i a aprendre dels nostres errors i dels nostres dèficits. També a gaudir més d'allò que en diem els èxits.

Això és el que tots fem, no? No conec ningú que desitgi equivocar-se. Tothom vol tirar endavant a la seva vida. És així.

Digues que t'ho sembla a tu. La vida m'està ensenyant continuadament la nostra feblesa i la capacitat que tenim de creure què les nostres opinions són les úniques certes. Si afirmem el que jo dic, estarem d'acord i cap problema. Sinó és així, malament! Comencen els problemes. Perquè jo tinc la raó, no saps? I tu has d'escoltar-me i no sols acceptar-me el que dic. També has d'aplaudir-me. D'aquesta manera no tindrem problema, no creus?

Ningú no m'aplaudeix i no per això em barallo amb tothom. El que passa és que quan tinc la raó, tinc la raó. Faltaria més!.

Oi, i és clar, això! Per a tu, segur. Has pensat el que opina el teu company de conversa? Li ho has preguntat a ell? Potser no està en sintonia amb tu. Potser discrepa. Potser té altres idees i per tant altres opinions tant respectables com les teves. L'escoltes tu quan ell parla? O estàs molt ocupat pensant en esgranar el teu brillant discurs? Les orelles, a cops, se'ns tapen de tant que obrim la boca.

I què és la raó? què és tenir la raó? és possible posseir la raó i morir de l'èxtasi? què en penses tu?

La raó és allò que em permet estar per sobre del meu ponent i deixar-lo sense arguments. És clar que es pot tenir. Faltaria més! El que jo dic és fruit de la meva maduració, del meu procés d'elaboració de les idees. No sóc un gamarús, jo. Sé el que em dic!

Potser no t'has parat a escoltar a l'altre. Potser estàs massa preocupat en tu mateix i en la teva raó. Potser.

Què és allò que et fa pensar que tu, només tu, ets l'il·luminat, aquell que posseeix la raó? La raó, la veritat, està allà mateix on està qualsevol de nosaltres. No cal ser un savi per tenir-ne de raó, per tenir la veritat. Tot nosaltres som fruit d'una raó o d'una altra. Pensar i pensar. Per a quan deixes el sentir? Per a quan ja sigui tard, com va reconèixer ell mateix, el Borges, en el seu Poema Póstumo?

Vine aquí a la porta. Veus aquell ocell dalt d'aquell arbre?

Efectivament, el veig. Està movent les ales.

Molt bé, noi. Acompanya'm fins aquell indret. Veus l'ocell des d'aquí?

No, des d'aquí no el veig. Però, part de l'arbre sí que el veig. El mur de la casa groga em tapa l'ocell.

*Així, perquè ara **tu** no el veus, ja no existeix per a tu quan estàs a un altre indret? Jo el veig, ja ho saps. Tu, ara, no pots negar que l'ocell es veu des de on jo estic, perquè tu també l'has guaitat. Però, si tu no l'haguessis vist i jo et digués: "Mira noi, un ocell que mou les seves ales!", tu què em diries, que estic cec o borni i que em posi les ulleres?*

Home, aquest exemple que em dius és molt groller. Qui ho dubtaria, que tu veus un ocell?

Pot semblar un exemple molt senzill, però si en lloc de parlar d'ocells i d'arbres, parléssim d'allò que tu coneixes, que a més et preocupa, que vols explicar-me i jo et digués que no estic d'acord amb tu? Seria fàcil per a tu, venir fins aquí on estic jo i posar-te en el meu lloc per comprovar que, efectivament, l'ocell està posat a l'arbre?

Aquest supòsit és diferent perquè té a veure amb les meves opinions. No m'agrada que neguin el que jo dic.

Qui ha parlat de negar res? He parlat d'estar d'acord o no amb el que tu opines. Del mateix tema, jo puc tenir una altra opinió. La qüestió està en saber si tu estàs interessat en saber la meva o ja en tens prou amb la teva. La por al canvi ens fa ser molt sensibles i vulnerables a la dels altres, quan ressalta aspectes diferents dels que jo mateix sóc capaç de plantejar-me. Si aprenguéssim a escolta-los, les coses serien més fàcils per a tothom. No creus?

Quan jo expresso les meves idees és que ja les tinc prou elaborades i no necessito que ningú me les canviï. Faltaria més! Amb el que em costa tenir clares les coses! No tinc perquè estar d'acord amb tothom i sempre. Tinc dret a dissentir, a no combregar amb rodes de molí!

És evident, doncs, que els altres també. Potser seria bo que ho pensessis, això. A més, no m'has contestat a la pregunta: Creus que si escoltéssim més, seríem més receptius a canviar les nostres velles idees i renovar-les? Creus que escoltant, les coses que s'aprenen poden ser importants? En algun moment de la teva vida has escoltat i has après coses que t'han servit?

Si les teves respostes són afirmatives, pregunta't què passa, per què portes les orelles brutes de prejudicis i temors.

Parles massa, company. Jo sé que tinc coses a dir sobre això...

De nou, quan les idees em bullien a la ment i estaven llestes per sortir com bales, l'homenet va fer-se fum. Altre cop! On es ficarà? Una nova pregunta a afegir a les que ell ha deixat sobre la polida taula de les meves orelles. O no tant polides i hauria de netejar-les? Buf, una altra pregunta!

Plàcida, la tarda s'esmuny lentament cap al llac Tumichuqua, ple del foc intens de la vesprada. La meravella està, de nou, servida.

Riberalta, 20 d'abril de 1999

Parlant sobre posar-se a prova

¿De ponerse a prueba quieres hablar? Está bien, hablemos.

Aquest cop, asseguts a la vora del riu Beni, immens i marró com la xocolata, havíem coincidit l'homenet i jo tot mirant la sortida del sol en un dia amable i de temperatura suau.

No sé com, però va sortir el tema. ¿Com, en algunes ocasions, som capaços de comprometre la nostra autoestima tot posant-nos a prova? Vull dir, sotmetre'ns a proves a les quals ningú no seria capaç de sotmetre's sinó fos per causes molt importants.

No fa gaire, em vaig proposar una experiència d'aquesta mena.

No va acabar de sortir prou bé i ara, que tenia a l'homenet amb mi, no deixo passar l'ocasió de parlar-lo amb ell.

En ocasiones, cuando nosotros no residimos en el territorio de nuestra fuerza sino que estamos poseídos por la desconfianza y el rencor contra nosotros mismos, solemos acometer locuras de este tipo. Nuestra autoestima está lastimada y queremos comprobar que somos capaces de no se sabe cuantas heroicidades. De lo contrario, parece que no podríamos seguir viviendo en paz. ¿Es de eso de lo que has dicho que quieres hablar?

Efectivament, amic. D'això és. Tanmateix, jo no opino que sigui degut a una baixa autoestima, sinó a una incapacitat de contactar amb el nostre *jo* més operatiu

¿Ahora se le llama así? Bien, por esto no discutiremos, chiquillo, va dir ell.

No puc evitar-ho. Quan em tracta d'aquesta forma tan paternalista, em posa dels nervis. Vaja amb l'homenet!

Mira, amic. Quan jo em sento incapaç d'aconseguir un objectiu, sobre tot si és emocional, la meva part més operativa es veu frustrada i invalidada. No puc seguir endavant. He de fer quelcom per comprovar que tot està bé, del contrari en sento molt mala ment.

De acuerdo, chiquillo. En asuntos emocionales es cuando más se pone en evidencia las seguridades en uno mismo. Si crees que todo depende del otro, seguro que esa creencia se cumplirá. Claro, que en contra tuya, por supuesto. Tú has de trabajar para situar tus emociones en el lugar adecuado, en el momento adecuado, Si lo haces así, todo estará bien.

Però, com sé jo quin és el moment i el lloc adequat? I si m'equivoco?

¡Cuántas preguntas de golpe! ¿qué es para ti equivocarte? ¿Que no se cumpla un sueño o que no se realice una evidencia? Son cosas diferentes. Tú ya lo sabes, porque en la vida hay ocasiones en las que los sueños se realizan. También sabemos que no por casualidad. Las ilusiones y los sueños se pueden cumplir si enfocamos nuestros esfuerzos para que así sea. Nada nos es regalado, todo es producto de un trabajo personal realizado con entusiasmo. De esta manera, nunca habrá fracaso. En todo caso, tendremos resultados. Resultados de los que podremos aprender si no son los esperados Así, podremos intentarlo una y otra vez hasta que se cumpla. Es la constancia y la perseverancia lo que favorece el logro del resultado esperado. Y la oportunidad. Pero también la podemos ir a buscar.

También preguntas por el momento y el lugar adecuado para manifestar tus emociones. Yo estoy seguro que en algún momento de tu vida has conseguido saberlo y el éxito te ha acompañado. Evoca ese momento y tendrás la respuesta. No improvises. La comunicación con otras personas ha de ser elaborada y natural, pero no improvisada. Sobre todo si estamos hablando de manifestar sentimientos. Si no sabes cómo, cuándo y dónde, lo mejor es esperar a saberlo. Sólo así podrás avanzar en el camino de tu sabiduría interior. Escúchala, porque seguro que ya la tienes.

Por cierto, no te fuerces en ser espontáneo. Sino, nunca llegarás a serlo.

Però, jo estic parlant d'aquests moments en els quals, encara sabent que estimes algú, has de provar altres experiències. Saps del que estic parlant?

Por supuesto que lo sé. Todos, en algún momento de la vida, hemos pasado por ese tipo de confrontación con nosotros mismos y con nuestros sentimientos. Ello nos devuelve, ahora, la percepción de que ya sabemos cuáles son nuestras emociones y lo que queremos, pero hay ese algo que nos impide centrarnos definitivamente en su consecución.

Necesitamos, urgente, comprobar que aquello que sentimos es importante y útil para nosotros. ¡Cómo si no lo supiéramos ya! Sólo que nuestra inseguridad, no nos lo permite asentir con definición hasta pasar quién sabe cuántas pruebas. ¿Comprendes porque decía que la autoestima es lo que tenemos en déficit? No podemos valorarnos por lo que somos sino por aquello que creemos que el otro espera u opina de mi. Dependemos del otro para ser algo más que un objeto sin sentido. Nos valoramos en relación a los demás. Así no conseguiremos salir del atolladero. Habremos de esperar algo más que nos dé seguridad en nosotros mismos. Una buena receta es hablar. Hablar con las personas con las que tengamos éstas u otras creencias limitantes.

Querer a otra persona es algo que se siente o no. No es necesario acceder a pruebas y más pruebas ciclópeas. Si estamos seguros de nosotros, nada ni nadie hará que nuestros sentimientos se vean alterados.

No ho entenc tot, però alguna cosa sí que estic entenent. Malgrat això, si jo estimo una persona que ha estat vivint amb mi i a una altra, necessito saber que no tornarà a passar. Que no tornaré a fer-ho. Tinc por que es repeteixi.

Tú lo has dicho. El que ha de estar seguro de lo que quiere, eres tú mismo. Nunca podrás responder por el otro. Ése es uno de los más frecuentes motivos de frustración. Sólo podemos responder de nosotros mismos. De otra manera, podemos salir mal parados.

El sol s'estava aixecant en el cel. Tot era vermell com una flamarada d'amor tendre i passional. Desitjava estar amb aquella persona per poder compartir aquest moment i milers com aquest.

Però la por a repetir errades, em bloquejava i immobilitzava. Què és el que he de fer?

Lo que está bien es intentar obrar con confianza y amor. Pocas cosas pueden más que esto.

Un cop més, semblava que l'homenet em llegia el pensament i em donava la resposta que jo m'estava negant a mi mateix.

La luz sólo se aprecia si se conoce la oscuridad. De otro modo, sería algo tan banal y vulgar que carecería de valor.

Sal del lado oscuro del pensamiento y de los sentimientos: la luz se hará por sí misma y la podrás gozar. Así, no necesitarás comprobar nada ni estar en continua lucha contigo mismo ni con nadie. Ceja en tu empeño de ponerte a prueba y confía y ama por encima de todas las otras cosas.

El cel semblava que estava a punt d'esclatar de llum i de color. Mica a mica, com molts cops a la vida, es va restablir l'equilibri i tot va tornar a ser com era d'esperar.

Ni tot és tant bo ni tant dolent que no es pugui resoldre. Depèn de les expectatives que hi posem. Sembla clar que és més operatiu posar-les en nosaltres mateixos i situar la visió dels altres a un lloc amorós encara que sigui més tremolós també.

Quan anava a explicar-li tot això a l'homenet, content per la troballa d'aquestes idees, em vaig adonar que, com d'altres vegades, s'havia fet fonedís, com el vapor de l'aigua del riu Beni.

En qualsevol cas, aquestes eren les meves idees i n'estava satisfet d'haver-les tingudes. Desitjo que em siguin útils com les que m'ha deixat anar aquest homenet de Riberalta.

Riberalta, 23 d'abril de 1999

Parlant sobre l'amor

Queia la tarda i feia una calor humida i llefiscosa com una teranyina de suor i pols L'atmosfera s'estava fent irrespirable. El fum del foc del "chaqueo" dels camperols, s'estava acumulant a l'aire. No bufava ni un bri de vent.

El cel, gris de sutge, reflectia amb claredat el meu estat d'ànim. Després de l'última conversa amb l'homenet, m'havia quedat una mica estorat. L'assumpte que havíem comentat sobre posar-nos a prova, em va deixar molt pensatiu i sense poder processar tota la informació.

En aquest moment, gris com l'entorn d'avui, va fer la seva aparició de nou. Sorneguer i seriós. Em va mirar d'aquella manera tan peculiar. Sembla que t'està radiografiant. Sembla que t'arriba al fons de l'ànima i del pensament. Com ho fa? M'ho pregunto sempre. No ho sé i a cops ja m'està bé. M'estalvia temps en explicacions.

Ayer, cuando hablamos del tema que te preocupaba, no acabamos de fijarnos en otra cuestión que acompaña a las sensaciones que tienes. Gracias a esas sensaciones y no a otras, haces lo que haces. Todos actuamos de forma muy parecida.

¿Te has parado a pensar, qué es lo que ganas con esa conducta tuya? Seguro que algo ganas y será lo suficientemente importante para ti y para todas las personas, para que repitamos ese comportamiento una y otra vez. Todos. En algún momento de la vida, salir, entrar. Ir con unos y con otros forma parte de la vida diaria Si no hacemos esto, parece como si estuviéramos muertos. No sólo físicamente, sino

mental y anímicamente. Necesitamos sentirnos estimados, ayudados, protegidos y cuidados.

No tenemos bastante con el amor que sentimos por una persona, ese amor que nos pone a prueba con nosotros mismos. Los propios miedos a equivocarnos nos pone en el disparadero. Y empezamos a no ser claros con los demás. Explicamos poco de nosotros. Más bien explicamos aquello que nos puede ayudar en nuestra estrategia para sentirnos bien entre los demás. Así parece que estamos bien con nosotros mismos. No es cierto y lo sabemos, pero continuamos. Es necesario que esa otra persona o personas, normalmente esa otra persona, nos cuide. Tenemos la sensación de ir con el paracaídas puesto. Un pié en cada orilla, por si acaso mi amor de verdad se ve acechado y acorralado. No puedo pensar en que no salgan bien mis esfuerzos de amor. Si volviese a fallar, ¿qué sería de mi? Así pues, me lanzo a una carrera de despropósitos que sólo hace que me vaya confundiendo más y más.

Son etapas de maduración y crecimiento por las que pasamos. No debería ser malo. A todos nos gusta que nos cuiden y nos mimen. Esto, tampoco es tan difícil de conseguir. Sólo es necesario desearlo. Al poco tiempo, ya tenemos una persona dispuesta a cuidarnos y darnos cobijo. Esa otra persona que parece que nos adivina el pensamiento y cumple todas nuestras expectativas sin que nosotros hayamos de hacer el mínimo esfuerzo. Ahí está siempre, no como la persona a la que amamos y cuyas circunstancias no acabamos de descifrar.

Es curioso. Tenemos la percepción de que no desciframos el amor y las atenciones e intenciones de nuestra pareja y sin embargo, nos lanzamos al abismo de las emociones de otra persona a la que hemos explicado aquello que nos conviene para sentirnos cómodos y cuidados. Así, tu comprenderás que no se puede ser muy racional a la hora de tomar decisiones. Y te repito, a todos nos pasa igual. No es que los demás sean raros. Todos, todos pasamos por épocas en las que estas emociones contrapuestas, nos invaden y nos invalidan un tanto.

Tot d'una, això em va dir l'homenet.

És sorprenent! Com va saber l'homenet tot això sense parlar jo amb ell? Com se n'assabenta del què em preocupa i en el moment precís? De moment, sense desxifrar.

Efectivament, així em sentia. La necessitat d'algú que em fes cas, que em cuidés sense demanar aparentment res. Això és el que jo volia. No donar massa explicacions de mi mateix. Just les necessàries per tal que la màgia no es perdés. No sentir-me jutjat ni valorat en funció de les meves pèrdues i dels meus constants canvis d'humor. Mentre estic amb aquesta persona, estic segur. Així podia estar amb la persona a la que estimava de veritat i sentir-me bé.

Aquest és un pensament que es compleix. Però hi ha un risc. Que confonguem, de nou, la fantasia amb la realitat. Que siguem tan estúpids com per deixar passar l'oportunitat de deixar-nos anar amb el nostre amor de veritat i ens equivoquem d'emoció. La resposta a allò que nosaltres enviem no és difícil de predir. Si jo explico sols part de la meva vida, la més evocadora de cerca de paradisos terrenals, sempre trobarem algú que ens ajudarà a trobar-los. El perill és que ens estem enganyant i això, més tard o més d'hora passa i el desastre està assegurat. Llavors, ens sentim buits i incompresos. Res no és el que era. Mai ningú serà digne de mi. Arribats aquí, res no té sentit i l'amor que sentim de veritat ens el continuem mirant com si d'un parany es tractés

És veritat, aquests sentiments són els que he tingut en altres ocasions. Així de fastiguejat m'he sentit. Tot semblava estar arruïnat. Tot estava embogit. Res no tenia sentit i malgrat això jo havia estat l'autor del desastre. I tot, a la fi, havíem patit. Però a la superfície de les emocions, això és el que portava guanyat. Sentir-me cuidat, mimat i no jutjat. No tenir contradiccions amb els altres. Explicant el que a mi em servia, ja en tenia prou.

Sé, malgrat tot, que la vida no és això. La vida consisteix en estar en peus i atent per no enganyar ni ser enganyats per les nostres emocions. Buscar la satisfacció és plausible, però a qualsevol preu? Segur que no. A la fi, l'únic que resta som nosaltres i el nostre amor. L'amor ho omple tot, per difícil que sembli mantenir-se en ell. És el més bonic que m'ha passat mai i val la pena treballar per estar allí. Sense pors ni ressentiments Sense fantasies ni rancúnies. Sense fantasmes ni dubtes.

Si estimes, fes-ho sense entrebancs. Quan hagi florit del tot, res ni ningú serà capaç de fracturar-lo. Només és necessari deixar-se acompanyar per ell i viure en plenitud amb ell. Altres coses són un miratge que dura el que dura: un instant, després tot és dolor i una espiral inútil de sofriment i ressentiment amb nosaltres mateixos.

Coi, que gran que m'estic fent, vaig pensar. Vaig voler contrastar els meus pensaments amb l'homenet i de nou havia desaparegut. Però vaig trobar un paper en una palmera que em deia:

No dudes más. Sé tú y vive en paz contigo mismo. Después, todo será fácil. Adónde has de ir es a ti mismo.

Riberalta, 24 d'abril de 1999

Parlant sobre temes de gènere

Aquell dia havia sortit de Santa Cruz de la Sierra cap a San Ignacio, a la Chiquitanía. Aquest paratge, que després vaig descobrir magnífic, forma part de la ruta de les Missions Jesuítiques a Bolívia. Semblava que tot era fàcil fins que vàrem creuar el riu Grande pel mateix pont que ho fa el tren. Per cert, va passar davant nostre. Després, tot terra, pols i donar tombs. Sort que el paisatge és d'allò més sensacional. De sobte, vaig començar a veure una finca immensa amb un nom ben conegut: Banzer, l'actual president de la República, antic dictador i criminal executor d'un brutal genocidi. Com tots els dictadors, per suposat. Llàstima que la memòria, a cops, es perd quan més falta fa! Així que l'any 1997, els bolivians varen votar i aquest energumen fou validat per l'actual democràcia. Llàstima de memòria perduda!

A l'autocar, tots cooperants d'ONG espanyoles a Bolívia. Després d'un congrés d'aquestes organitzacions. Un dels més profitosos als que he assistit. Ambient de festa, cançons i relats d'experiències curioses, dramàtiques o simplement anècdotes còmiques.

Mica a mica, la calma. Tombs i més tombs que no semblaven tenir fi. Així va ser com em vaig endormiscar. Increïble, però cert.

El somni: les relacions entre homes i dones. El nan del subconscient hagués pogut escollir una altra cosa, però optà per aquesta. No havia estat el nan. El que havia escollit el tema:

l'homenet dels trons. De nou, fins i tot als somnis. Què fer? Seguir, quin remei!

Els humans som curiosos, sempre ens fixem més en el que separa als gèneres que no pas allò que els uneix. Hem escoltat tants cops els eslògans que sembla que no hi hagi una altra alternativa de pensament: Els homes i les dones són diferents. Faltaria més! Només hem de veure les diferències anatòmiques i fisiològiques. Si això és així, qui ho nega, tot ha de ser diferent. El conflicte està servit, a mès, corroborat cada dia i recolzat pels més assenyats lletraferits de totes les corts.

Tú que piensas tanto, ¿también piensas en este asunto? Que pregunta más inoportuna. Está claro que hasta durmiendo tienes este tema como prioritario. Te ha costado mucho llegar al camino. Y aún te falta mucho para llegar a la meta. No lo dudes. Sin embargo, es cierto que has avanzado un poco en el desarrollo de un nuevo estado de conciencia que te permita elaborar ideas más cercanas a la realidad. Por ello, no pidas a los otros aquello que tú has tardado tanto en asumir. La mujer y el hombre son lo mismo. Una identidad vestida diferente. Biológicamente tienen fines diferentes. Lo sabemos. Ello, no obstante, no ha de servir de coartada a los inmovilistas al uso que propugnan la diferencia por la diferencia para justificar conductas injustificables. Trabajar en ese sentido, en dar a conocer la igualdad de los géneros, es trabajo de todos. Los que están en un estado superior de conciencia han de ser los pioneros. Es igual las resistencias de algún sector. Sin desmayo. Con fuerza. La fuerza que da sentido a la vida. Negar esa igualdad en la identidad de los géneros es suicida, además de constituir un grave error en el sistema de creencias y en la escala de valores.

En els somnis, l'homenet assoleix cotes de realitat encara superiors a les que assoleix a la meva vigília. Era tan real que semblava tret d'un llibre de contes. Mentre, el camí continuava sacsejant l'autobús. Els ossos, ja els tenia mòlts. Malgrat això, l'interès que havia despertat l'homenet en mi, em va tornar a endormiscar. Vaig creure en qualsevol realitat i a més coneguda.

L'homenet, va tornar a parlar-me:

De esta manera, la dominación ejercida por el género masculino sobre el femenino, no podrá continuar perpetuándose sin remedio. ¡Cuántas trampas ha parado aquel para poder ejercer su poder! Cualquier sistema le ha sido validado por otros seres como él. Tramposos, miedosos, cobardes. Lo han sido y continúan siéndolo en muchas ocasiones (demasiadas). No hace falta citar a los talibanes, ni a las guerras, ni siquiera a la lucha interracial. Entre nosotros, personas cultas, cultivadas y hegemónicas también estamos todos ellos. El abuso del poder y los medios usados para conseguirlo, no les ensombrecen la faz. Sólo postergan su sonrisa de triunfadores. Después, satisfechos, horadan el cielo de la mujer y ríen ebrios de su miseria. ¡Qué poder! ¡Qué vorágine de sensaciones más embriagadora! Así, creen ser los poseedores de la tierra. Ignoran, soberbios, que ellos han nacido de una mujer. Aquella que les ha permitido ser y llegar allí en donde se encuentran. Es igual que su mundo sea un círculo miserable, mezquino, turbio y grotesco. Es igual. Su engreimiento, su miseria no tienen límites.

Quan vaig obrir els ulls, em vaig trobar en un univers vestit per les tenebres. Els fars de l'autobús quasi no il·luminaven el desigual terreny. Trotàvem en els nostres seients de lona. Tenia el cul fet caldo. La llum de la posta de sol ens il·luminava ja molt dèbilment. Quasi no podia distingir el paisatge que discorria com una serp marró i àvida de sensacions noves. La vèrbola de l'homenet em tenia sumit en un profund embadaliment. Mica a mica, em vaig adreçar, vaig respirar profundament i em vaig aixecar del seient. Tant de bo ho hagués fet una mica desprès. La patacada que em vaig donar m'obligà a seure quasi sense adonar-me'n. De nou, em vaig endormiscar. Seria pel cop o no, però així va ser.

Muchos creemos que estamos ajenos a este mundo de violencia gratuita y vil. No pegamos, no insultamos ni agredimos físicamente a las mujeres de nuestro entorno. Esto sólo les pasa a los demás. Somos seres angélicos. La violencia está lejos de nosotros. Pocas veces nos percatamos que también existe la violencia psíquica. Aquella que se deriva de la utilización de la palabra. Aquella violencia que abusa de la fuerza de las palabras y de algunos hechos. Pero no somos violentos, ¡faltaría más! Eso sólo lo son los otros. Nosotros utilizamos la fuerza de la razón para convencer. ¿Alguien lo duda? La razón de la fuerza no es lo nuestro.

Por supuesto que hay muchas mujeres que lo dudan. Ser golpeada y reducida a mero objeto de las iras estériles es muy duro. Eso es la violencia física: las agresiones, las violaciones intrafamiliares y domésticas (¡vaya nombrecito para disimular el silencio culpable de lo privado!). Nosotros no caemos en ello. Hablar un poco fuerte no es delito. Somos así. Enérgicos, varoniles. Así somos, ¿no es cierto?

De sobte, l'autobús va donar un nou tomb, molt més fort que els altres i definitivament em vaig despertar, udolant com un possés. La maleta del meu company de viatge havia aterrat sobre el meu genoll, deixant-me'l adolorit. Així em vaig incorporar a la realitat del viatge que arribava ja a la seva fi. Allà lluny s'entreveia, imponent, la Missió jesuïta. Desitjava tenir la cama en disposició per caminar. Vaig fer el gest d'incorporar-me i oh, meravella!, ho vaig aconseguir. Podria visitar aquest portent de l'arquitectura chiquitana. Seria després de dutxar-me, faltaria més!

L'instant s'havia vestit de gala i ens mostrava les seves arracades de diamants.

El cel, aquella nit, va ser una festa.

Chiquitania, 2 de maig de 1999

2ª Part

Abril 2002

Aquesta Segona Part, la dedico a tots aquells posseïdors de les veritats eternes i convençuts de la impossibilitat del canvi. Fins i tot per aquells que creuen en la inevitabilitat de les coses. Va per ells!

Ah, també ho dedico a aquells que somien quimeres i creuen en l'ésser humà. Potser som quatre, però ja falta menys per trobar els que manquen. Segur.

Parlant sobre la privacitat

Entre els arbres vestits com de gala i al final del carrer tenyit com de pols vermell rajola, s'entreveu la casa. Blava i verd o verd i blau que fa babau, diuen! El cas és que la casa és d'obra i pintada dels dos colors. A diferència de la resta, és d'obra i no de fusta i fulla de *patujú*. Però la gent ja està acostumada als contrastos i no li fan massa cas. Ja quasi és una més.

La pols avui és insuportable i el coll pica com mai. Penses que total això no és res. Queden encara els mesos de juliol i d'agost i aquests sí que són *feos*. No sols hi ha molta, moltíssima pols, sinó que a més la gent *chaquea*. El que vol dir que netegen *el chaco* i cremen, com possessos, els seus camps. El fum, la calor, la pols formen un tot que impossibilita respirar. No sé perquè ara em ve al cap aquesta escena. Falten encara dos mesos. I el temps és ara mateix. Demà, l'ara mateix que mirem amb telescopi, ja dirà.

Entrant a la casa, d'una planta, trobes un espai gran d'un 35 metres quadrats. Al fons, dues taules i dos ordinadors tapats amb una roba a quadres blancs i vermells. *¡Lindos son!* I una mica més al fons la taula del petit menjador que s'obre cap a la cuina. El passadís a la dreta, dóna pas a tres habitacions grans, a un bany i a un WC. El que sobta al visitant és la manca d'intimitat que sembla que hi ha. Totes les peces, totes, estan obertes per la part superior de les portes. Tot se sent. A més, les portes tanquen el que tanquen, i són com un tel de ceba. És el que hi ha. Al costat de les cabanes de fusta, això és un luxe assiàtic. A les cabanes, la separació entre les persones, si és que hi ha separació, es limita a una peça de roba penjada ningú sap d'on.

La privacitat és un invent modern, va dir-me l'homenet

I de nou ell. Feia molt que no sabia res d'aquesta personeta. Quina sorpresa! Riberalta deu ser el seu amagatall i se sent bé. Perquè a Barcelona no vaig saber res de l'homenet.

Com diu? Un invent modern?

Efectivament, el temps antic estava fet de coves i casetes de fusta i palla. Res més. Tu creus que tenien privacitat? I què és la privacitat?

Quan mires cap a dins, els altres no hi són. Dintre teu estàs tu i ningú més. No hi ha miralls. No hi ha reflexos sorollosos. Tot és plenitud i llum.

Vos, que veieu quan dieu que mireu el vostre interior?

Què creus que hi veig?

No ho sé. Si ho sabés no ho preguntaria.

Sempre tan suspicaç, amic meu. Quan aprendràs a mirar-te la vida des de l'humor i des de l'amor i no des de la ràbia i el desencís? No has tancat mai els ulls sense necessitat? I no has vist la llum blanca i groga que omple tot el teu espai? Segur que sí. El que passa és que no pares atenció a les meravelles. Dediques massa temps a mirar-te en els miralls i aparadors del carrer.

La privacitat no ha de ser un luxe, sinó la resposta a les preguntes més existencials de l'home. No ho dubtis, fes-ho.

Sempre parleu en clau que no entenc. Sempre esteu igual, ja està bé, no?

La calor del migdia feia que l'aigua de la pluja que estava caient, formés l'arc iris.

I després dius que no m'entens, capsigrany! La naturalesa és més sàbia que tu i ara t'ho demostra. Mira, calla, pensa i per sobre de tot, sent-te.

Continuava plovent, però l'homenet ja no hi era. Com sempre, es va fer fonedís.

L'arc iris es va fer intens, molt intens i segur que al seu peu, l'olla de les monedes d'or reia i saltava de content. Jo, mentre, rumiava i rumiava sense massa èxit.

La casa verda i blava em mirava. No sé la raó, però em va semblar que reia per sota el nas. Segur que va ser la calor, perquè les cases no riuen i menys les de dos colors. Sobretot perquè no tenen nas, em vaig dir. I vaig quedar-me la mar de content. Que llest que sóc!

Riberalta, 29 de maig de 2002

Parlant sobre l'aigua

Davant de la casa s'alça una torre immensa com si fos un bolet de dos colors: blanc i negre. Quin contrast. Em van dir que és el dipòsit d'aigua de la ciutat. Què bé, em vaig dir. Així l'aigua està assegurada i més al costat d'aquest riu tan gran com és el Beni. Ja! Era una broma, perquè dia sí, dia també l'aigua era tallada per mans invisibles. Sobretot pels sàtirs follets, que deuen gaudir deixant sense aigua a la gent, just en el moment més inoportú.

Inoportú per a qui?

Mireu, si heu de venir a marejar la perdiu, ja n'hi ha prou!

És el que creus? Doncs no aprendràs massa amb aquestes males maneres que uses.

Sempre esteu donant lliçons de tot! Sembleu l'home orquestra. Sabeu tots els papers de l'auca.

Deixa't de rucades i escolta'm: l'aigua és un be escàs i que cada cop ho serà més. No ho dubtis. Així que hem de ser respectuosos amb ella i tractar-la amb el respecte que es mereix. No cal rentar-se les dents amb 30 litres, quan fent-ho bé amb poca quantitat ja n'hi ha prou. O regar immensos camps de gespa per a gaudiment de quatre golfistes que podrien, amb el mateix entusiasme, jugar a tennis en qualsevol camp que no necessita ser més cuidat que el terra d'una casa. Fins i tot, podien fer alguna cosa pels altres

Ho entens això? No podem malbaratar aquest recurs tan i tan necessari per la nostra vida, però també per a tots els éssers vius.

En qualsevol cas, la responsabilitat és de l'ésser humà. Els altres només pateixen les nostres males arts. Com els fums de les fàbriques, del tubs d'escapament dels automòbils.

La veritat és que tothom té el dret a jugar a allò que vol i usar el cotxe quan cregui convenient. Les fàbriques produeixen articles que després tots gaudirem.

Dius gaudir a espletar la terra, fer emmudir els rius, acabar amb aus, peixos i mamífers? Això és tenir, quin dret? De quins drets parles, quan el planeta s'ofega? I quan dic el planeta dic TOT el planeta. I nosaltres formem part d'aquest tot. Hem d'aturar-nos, preguntar-nos on anem i prendre les mesures necessàries. I fer-ho JA! Que JA comença a ser tard. Els rius, aquestes grans clavegueres, ja ni ploren. No tenen amb què.

Si entenc bé, això vol dir deixar els cotxes a casa, produir combustibles no contaminants i apuntar-nos tots al partit ecològic?

Que ximple sembles de vegades! A les dues primeres sí, però apunta't a on vulguis. Per això sí que tens un grau superior de llibertat, ja veus.

En qualsevol cas, l'ésser humà és l'únic, avui i aquí, que pot i deu prendre mesures. Saps què és en el que crec: en l'ésser humà i les seves capacitats de superació. És el que ens salvarà, no els polítics, no els ècònoms ni els fabricants de benzina. No ho dubtis i si ho fas, dóna altres solucions i explica-les. Et faràs famós, ric. I ruc.

Lluny se sentia el cant d'aquests grills enormes, que quan volen poden tapar el sol. Quins grills! La llum del sol feia que les ombres dels arbres foren tan negres que entrar en elles fes com una mica de por.

Parles de por? D'ella ja vàrem parlar. Així que, adéu amic meu. Ciao, nos vemos...!

I dit i fet. No sé com ho fa, però ja està desaparegut. Al costat del dipòsit d'aigua, *la quebradora de castañas* i el seu fum fastigós. Sota la teulada, set-centes dones i nens *quiebran* la dura closca de la nou amazònica. Però això si que és una altra cançó. Més ben dit, és un altre i estrident soroll.

Ara vaig a fer la migdiada, no puc més. Quina calor!

Riberalta, 30 de maig de 2002

Parlant sobre la selva

Veure pondre's el sol és d'una bellesa extraordinària, però veure'l sortir és impossible d'explicar: la selva, fosca fa uns segons, sembla cremar entre blaus, vermells i morats. I de sobte la meravella. Un disc immens comença a sortir per sobre dels més alts arbres de la selva i es va manifestant en tota la seva grandesa. Un disc ferm i poderós es fa l'amo de tot el món. Lentament, s'aixeca i ocupa el seu lloc entre els altres éssers de la creació. Però ell és la vida

El SOL, no sortirà mai com aquí. Segur, no ho dubtis. La innocència de la selva el lliura de pensaments torbadors, per això és tan espectacular, tan net i pur. Com si mai hagués tingut contacte amb l'home predador. Així és.

Què vol dir amb l'home predador? Tots som predadors d'una manera o d'una altra.

Cert, ho som. I molts cops per pura necessitat. Altra cosa és aquells que desforesten i cremen la selva per interessos particulars injustificables, sinó fos per l'ambició de fer diners a qualsevol preu. Inadmissible! L'ésser humà s'està jugant, no sol la seva supervivència, també la d'altres éssers vius. I els governs i les altres institucions mirant-se el melic.

Vos sou una mica escandalós, no creieu? Es fa el què es pot. Ningú no té la màxima força per aturar aquesta destrucció. Això és sabut per tothom.

És el què creus de veritat? Una sola intervenció podria fer que s'acabés aquesta bestiesa. Però els interessos econòmics no tenen fronteres, ni colors. Només són satisfets en ells mateixos que així

*segueixen generant nous interessos que es donen satisfacció de nou
i així fins al fàstic. Ningú no vol, de veritat, acabar amb aquesta
situació. Els governs dels països poderosos són unes marionetes en
mans del diner. Aquest és el poder innegable i superior.*

En qualsevol cas, s'han fet reunions internacionals, s'han
signat acords i hi ha compromís per salvar el planeta. Els diaris
ho diuen!

*Els diaris ho diuen...! Són els únics que diuen coses. Cada cop
són menys fiables i més compromesos amb interessos que no tenen
res a veure ni amb la llibertat, ni amb la dignitat dels pobles. Són
obedients al clamor de les banderes amb barres i estels caducs, però
encara obstinades en salvar el món. És millor que no ens salvin
d'aquesta manera. Que es dediquin a investigar sobre la malària
(un milió de morts per any), sobre la SIDA (40 milions d'infectats
al món i 3 milions de morts per any), sobre la tuberculosis que afecta
a un 15% de la població mundial. No fer res, és abaratir la mort.
Només treballant per eradicar aquestes tres xacres, s'ajudarà a ser
lliure a l'ésser humà i no les bombes contra inexplicats terroristes.
Fomentar l'educació, un altre repte de debò. Ajudar ad infinitum
al gran germà que tot ho té i que tot ho sap, és donar-nos per la
pell. I potser cal dir PROU.*

Mentre l'homenet parlava, el sol ja s'havia situat allà dalt, a la
cúpula magnífica del cel. Aquest cel que sols aquí té la capacitat
de la mitja esfera, sense més límits que un horitzó immensament
llunyà. El cel es menja la terra i ho omple tot. Els núvols, blancs
com els zebús als que dóna ombra, caminen ràpids per l'arc que
els toca recórrer. Quina meravella!

Demà continuaré parlant amb l'homenet, que com no, ja
ha sortir d'escena.

Continuo mirant com puja el sol, graó a graó, per l'escala
etèria del cel i el meu esperit el segueix. Ara sóc un ésser feliç.

Riberalta, 31 de maig de 2002

Parlant sobre la convivència

Aquell matí, després d'una nit de festa a casa, vaig despertar-me rumiant sobre la convivència, en una casa amb persones que estan juntes sols per les circumstàncies. Si les coses foren d'una altra manera, cada una d'aquestes persones viurien en una casa diferent. Sense dubtes. Sembla ser que a tothom ens està bé tenir el nostre lloc per sentir-nos autònoms i lliures per decidir si entro o si surto. Si rento els plats ara o mig hora després. O demà!

És una necessitat que no està contrastada. A cops.

Les persones necessitem sentir-nos acollides i tenir la sensació que estem en un àmbit de convivència superior a l'individual. No "tothom" té les mateixes necessitats, ni tan sols les manifesten de la mateixa manera. Fins i tot, hi ha èpoques de la vida en les quals està bé sentir-se individu i d'altres en les quals ens agrada compartir el nostre temps i el nostre àmbit amb d'altres persones. Som éssers pluridimensionals i és bo comptar amb aquesta particularitat.

El que de nou em parla és l'homenet. El de sempre. El que em llegeix el pensament, encara que m'estigui despertant i no sàpiga si tinc els ulls posat a la cara.

És veritat. També a mi em sembla que som éssers pluridimensionals, però també em sembla que ens agrada tenir un espai d'intimitat i el busquem encara que no sempre el trobem. Viure sol és, a cops, la solució per trobar aquells aspectes de la teva vida que encara no has experimentat.

I és clar! Però no totes les persones coincideixen en aquest plantejament al mateix moment. Per això tants disgustos . A més, en el cas que tu estàs pensant, és un cas diferent a l'habitual. Són tres persones que coincideixen en el lloc i en el temps, però amb objectius i propòsits de vida diferents. Estan junts per comoditat. Segurament, no per solidaritat ni per altres qüestions subtils. És més còmode aquest sistema de vida que mantenir cada u el seu espai: una sola cuina, unes despeses comuns i compartides... més econòmic i rendible. No creus? Només cal posar-se d'acord en les rutines: qui compra, qui renta els plats, qui neteja, qui fa el dinar...I això no és senzill. No ho és, perquè cadascú, t'ho deia abans, té els seus objectius i propòsit per estar on estan.

Està clar que s'han d'organitzar. Tampoc és tan difícil. Pot fer-se rotatòria cada tasca i ja està...

Fàcil, no? Estem parlant d'un escenari on les anades i vingudes són a l'ordre del dia. De sobte, has de sortir a buscar una dona que es troba malalta en qualsevol comunitat a tres o quatre hores de cotxe. De sobte, t'avisen que necessiten "el carro" per portar uns medicaments a un indret que està a cinc hores de distància. I cada component de l'equip té el seu rol. En aquest escenari, veus fàcil organitzar-se, sense risc que algú o tothom tingui la sensació que ell és l'únic que treballa pels altres? Hi ha d'haver un respecte molt gran per les àrees de llibertat i responsabilitat dels altres. I una perspectiva molt ampla i acurada de les pròpies. Potser, això sigui el que fa que estiguin junts sense massa problemes. Però no tot està escrit. Només porten un any i mig i el tercer, vint dies (va venir per 10 dies i es quedarà tres mesos) Aquestes circumstàncies fan encara més atípic l'entrellat de les relacions i la convivència.

Aquest cop, per primera vegada, coincideixo amb l'homenet. És curiós. També penso que el respecte per l'altre i el respecte per tu mateix, són les eines que possibiliten la convivència. No cal estar tot el temps pendent de les altres persones. Al contrari. Cal estar amb elles en els moments que sigui adequat. Ni prémer ni ser premut. Serà això? És possible que convisquin tres persones o més i que tot funcioni moderadament bé?

És clar que sí. Si els personalismes, protagonismes i d'altres tonteries són deixades de banda i el respecte s'instal·la entre les persones, no dic que sigui fàcil, però si més no, és possible. No cal estar tota l'estona mirant què fan els altres. No cal estar tota l'estona pendents del què diran, ni del què no diran. Si cadascú fa allò que ha de fer, no hi haurà massa problemes de convivència. L'èxit és equilibrar llibertats, responsabilitats i el respecte per les diferències i per les igualtats. I explicar-se els desitjos, les necessitats, els objectius i els propòsits de cada un dels components del grup.

De nou, que estrany!, torno a estar d'acord amb aquest homenet petit i escarransit, però que molt sovint em deixa bocabadat per la seva forma d'expressar-se i de fer-me trontollar. Té l'habilitat de fer-me dubtar i gràcies a això, vaig reflexionant i avançant.

Ara, despert del tot, després d'una nit de festa, el busco i de nou ha desaparegut. No importa, perquè quan menys m'ho pensi apareixerà per deixar-me de nou ben astorat.

La casa, ara mateix, està en calma. Tothom dorm, però aviat tornaran al món dels vius i continuarem vivint junts i compartint un temps i un espai. És a dir, conviurem. Desitjo que en pau.

Riberalta, 1 de juny de 2002

Parlant sobre la indústria farmacèutica

Mentre el meu cos anava expulsant suor i més suor fins a formar un bassal als meus peus i poc després la febre em deixava tirat a sobre del llit, mullant tots els llençols del món, el meu cap barrinava de nou. El fred que triga poc en arribar em desperta i m'incomoda. I ja no puc pensar. Tinc la samarreta xopa de nou. Me la canvio i em poso als peus del llit. Què bé, això està sec. Però als poc minuts, la samarreta, els pantalons prims del pijama i els llençols tornen a estar xops de suor. I així, es va repetint el cicle de canvi de samarreta, llençols..., hores i hores. Interminables. Angoixoses hores que es resisteixen a passar. Hores de centenars de minuts, de milers de segons. Interminable el temps.

A més d'aquesta evident incomoditat, t'imagines saber que no tens remeis? que no tens cap remei per guarir-te? Estar en aquestes condicions de malària i no tenir res a fer? Potser, el lloc més a prop està a desenes de quilòmetres, però tu estàs sol i no tens cap vehicle per desplaçar-te. I et quedes erm, desesperat, confiant en què la teva naturalesa faci més que els homes que t'han portat aquí, a l'interior de la selva, a la "zafra" de la castanya o del "palmito". I estàs sol, sol, sol...!!! El patró t'ha deixat i no tornarà a buscar-te, aquest és el pacte, fins d'aquí a unes setmanes. Això sí, t'ha cobrat els aliments que portes a preu d'or. I no se t'acudeixi portar-los tu. El patró ja sap el que et convé. I els medicaments contra la malària no estan en l'equip de supervivència. El fi d'aquesta història? Incert, amic meu.

Molt incert. Perquè quedes a expenses de la malària, dels animals, de les inclemències del temps, de qualsevol cosa.

Aquesta visió no és apocalíptica. És el que passa cada any a moltes persones que surten a "guanyar-se" la vida a la selva amazònica boliviana.

A guanyar-se la vida, diuen! Quin sarcasme!

L'homenet de nou, donant-me la llauna, quan jo estic fet pols entre suors, tremolors i febre. No estic per a res, ho asseguro. Per a res ni per a ningú. Les estones que no tinc res de tot això, en prou feines puc empassar algun aliment suau com la pinya. Els meus companys, des de l'estima, ja riuen de mi, perquè acabaré amb cara de "pinya colada", diuen.

I mentre, vas pensant quina serà la propera etapa. Suor, fred, febre...? I va passant el temps i no ho dubtis, aviat surts del dubte. I toca el que toca. I prou. I la diarrea produïda pels fàrmacs, em deixa cruixit.

Ets un home de sort, estranger. No tothom té la teva sort, ja t'ho he dit.

La indústria farmacèutica no té massa interès en persones com tu que esteu a llocs hiperendèmics de malària. No sou negoci. Aquest està a l'occident: malalties cardíaques, diabetis, hipertensió arterial. Antibiòtics d'ultimíssima generació.

Entre tremolor i tremolor, escolto l'homenet xerrar, però no sé què diu. Avui no estic per a discursos ni discussions. Amb prou feines puc saber que estic viu.

Per a què o per a qui investigar sobre vacunes? Quin marge de beneficis donarà això després? Qui podrà pagar el que valgui, no el que costi, la vacuna? Més val el que hi ha: medicaments per qui els pugui pagar i a córrer! Que hi hagi selves no és el problema de ningú i menys de la indústria farmacèutica. Que hi hagi mosquits i s'infectin i infectin les persones no és culpa de ningú.

Milions de persones moren a l'any. Però això no és motiu per investigar. No poden pagar. Això sí és motiu. Motiu per estar-se quiets i mirar cap a un altre costat. És la llei del mercat, diuen. Qui marca aquesta llei? Què és el mercat? Qui decideix el què és necessari del què no ho és? El mercat de nou, però què és el mercat i qui marca la seva llei... i així fins el fàstic. No hi ha ningú a l'altre costat. La línia està permanentment ocupada rebent les comandes de l'occident.

Per si això no fos suficient, envien investigadors amb cara d'enze per conèixer dels mateixos metges tradicionals, les plantes de la selva i les seves propietats: la "uña de gato", "la sangre de tigre" i tantes i tantes com hi ha. Després, envien als predadors i com sangoneres, arrasen les selves per comercialitzar-les, sense saber massa què es porten entre mans. Però és així.

La febre m'està enviant a la vora de la son i sols sento el ressò de la veu, cada cop més lluny, cada cop més feble.

Quan em desperto tot el llit és aigua. Em llevo, em canvio la samarreta i els llençols i passo revista dels meus símptomes: bé, sembla que estic bé. Han passat tres dies durs, però espero que aquest sigui l'últim d'aquesta mena. Ningú em garanteix que ja ha passat el pitjor. Esperaré, sabent que sóc un privilegiat. I aquí, això és molt.

Ho és tot.

Riberalta, 19 de juny de 2002